MINISTÈRE DE L'INSTRUCTION PUBLIQUE
ET DES BEAUX-ARTS

SALLES
D'EXPOSITION PERMANENTE
DU GARDE-MEUBLE

103, Quai d'Orsay, 103

CATALOGUE

PAR

E. WILLIAMSON

ADMINISTRATEUR DU MOBILIER NATIONAL

PARIS
AUDRY, ÉDITEUR
15, RUE DES SAINTS-PÈRES, 15

1883

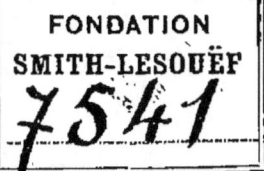

SALLES

D'EXPOSITION PERMANENTE

DU GARDE-MEUBLE

CATALOGUE

NOTA. — Les salles sont ouvertes gratuitement au public les jeudis, dimanches et jours fériés, de 10 heures à 4 heures.

PARIS

TYPOGRAPHIE GEORGES CHAMEROT

19, rue des Saints-Pères, 19

MINISTÈRE DE L'INSTRUCTION PUBLIQUE
ET DES BEAUX-ARTS

SALLES
D'EXPOSITION PERMANENTE
DU GARDE-MEUBLE

103, Quai d'Orsay, 103

CATALOGUE
PAR

E. WILLIAMSON
ADMINISTRATEUR DU MOBILIER NATIONAL

PARIS
J. BAUDRY, ÉDITEUR
15, RUE DES SAINTS-PÈRES, 15

1883

SALLES
D'EXPOSITION PERMANENTE
DU GARDE-MEUBLE

CATALOGUE

LOUIS XIV

51. — Fauteuil du commencement de l'époque de Louis XIV, en bois sculpté et doré; pieds et accotoirs à volutes; croisillon entre-jambes à motif d'ornement; dossier chantourné; fond et dossier couverts en velours de Gênes cramoisi ton sur ton à dessin d'œillets.

Hauteur, 1^m,03. — Largeur, 0^m,65.

52. — Écran du commencement de l'époque de Louis XIV, en bois sculpté et doré; pieds à double patin à volutes et à cannelures; montants droits à balustres surmontés de flammes; fronton et soubassement à fleurs et à ornements découpés à jour; feuille couverte en tapisserie au petit point représentant les vendanges.

Hauteur, 1^m,20. — Largeur, 0^m,73.

53. — Commode formant avant-corps, du commen-

cement de l'époque de Louis XIV, en marqueterie de houx, de poirier rouge, de poirier blanc, de satiné et d'ébène, avec encadrements en frêne, représentant sur chacune des faces, un seul panneau à vases, fleurs, oiseaux et rubans; pieds et montants arrondis; trois tiroirs à boutons en cuivre; tablette chantournée en marbre gris à moulure.

Hauteur, 0^m,86. — Longueur, 1^m,30. — Profond., 0^m,66.

54. — Commode du commencement de l'époque de Louis XIV, en marqueterie de houx, de poirier rouge, de poirier blanc et de satiné, fond et encadrements en amarante et en ébène; pieds à toupie en cuivre; montants à consoles et à pans coupés; trois tiroirs formant six panneaux à sujets de fleurs et de lambrequins, ornés de poignées et d'entrées de serrures en bronze ciselé; tablette représentant comme sujet principal un vase de fleurs et encadrée d'une moulure en cuivre uni.

Hauteur, 0^m,86. — Longueur, 1^m,20. — Profond., 0^m,70.

55. — Console de milieu en bois sculpté et doré, du commencement de l'époque de Louis XIV; pieds à feuilles; montants à double console; ceinture à feuilles et à tablier d'ornements dans le goût italien; croisillon entre-jambes avec vase à feuilles et à graines; tablette en mosaïque de marbres d'échantillon encastrée dans le plateau de la console.

Hauteur, 0^m,80. — Longueur, 1^m. — Profondeur, 0^m,55.

56. — Console d'applique du commencement de l'époque de Louis XIV, et de travail italien, en

bois sculpté et doré ; huit pieds à double volute ; six montants à balustre avec têtes d'enfants ; croisillon entre-jambes supportant un motif central et deux vases à graines ; ceinture à pendentifs découpés avec tête de femme au centre ; tablette pleine à rebords gravés, surmontée d'un dessus de marbre blanc rapporté.

Dimensions, sans le marbre :
Hauteur, 0^m,84. — Longueur, 1^m,37. — Profond., 0^m,61

57. — Deux tapis de l'époque de Louis XIV, ayant fait partie d'une série de treize destinée au plancher de la galerie d'Apollon au Louvre, et décrits comme suit dans l'Inventaire général des meubles de la Couronne de 1720 :

« N° 72. Un grand tapis de laine, d'ouvrage de la Savonnerie, fond brun, sur lequel il y a un compartiment aussi fond brun, rempli de rinceaux, à bordure fond Isabelle chargée de fleurs de lys et de quelques roses jaunes dans des feuilles bleues, laquelle bordure est cintrée par les quatre côtés. Au milieu, un autre compartiment carré long, à même bordure, représentant une lyre jaune entrelacée de feuilles de laurier sur fond blanc. Aux deux bouts du tapis, deux grands ronds en forme de rose fond blanc entre deux globes terrestres et quatre cornes d'abondance sur le fond brun. La bordure du tapis remplie de godrons jaunes et bleus et ayant à chaque coin une fleur de lys jaune. Long de sept aunes trois quarts sur trois aunes un tiers de large.

« N° 73. Un autre tapis de même ouvrage, dessin, longueur et largeur que le précédent. »

Longueur, 8^m,90. — Largeur, 3^m,90.

58. — Pièce de tapisserie isolée, de la fabrication des Gobelins, XVIIe siècle, en savonnerie de soie fond jaune quadrillé, d'après *Ch. Le Brun*, médaillon central de cadre à oves enfermant un vase de fleurs, et surmonté de la couronne royale et

d'un globe fleurdelysé ; guirlandes de fleurs, trophées de drapeaux et d'armures, cornes d'abondance et écusson à double L ; le fond semé de fleurs, d'animaux, d'oiseaux et de grotesques.

Hauteur, 3^m,40. — Largeur, 2^m,90.

59. — Tenture tirée de la série de quatorze tapisseries dite *l'Histoire du Roy*, de la fabrication des Gobelins, xviie siècle, d'après *Ch. Le Brun et Van der Meulen*, bordure à personnages, chimères et ornements, écusson central fleurdelysé, cartouches descriptifs. Trois pièces, savoir :

1° *Entrevue du Roy Louis XIV de France et de Navarre, et de Philippe IV, Roy d'Espagne, dans l'île des Faisans, en* 1659, *pour la ratification de la paix et pour l'accomplissement du mariage* (fabr. 1665-1668).

Hauteur, 5^m. — Largeur, 6^m,90.

2° *Défaite de l'armée espagnole près du canal de Bruges, sous la conduite de Marsin, par les troupes du Roy Louis XIV en* 1667 (fabr. 1670-1675).

Hauteur, 5^m. — Largeur, 6^m,80.

3° *Le cardinal Barberin, grand Aumônier de France, fait en* 1668 *les cérémonies du baptême de M*^{gr} *le Dauphin, tenu sur les fonts par le cardinal de Vandame, légat a latere au nom du pape Clément IX, et par la princesse de Conti, au nom d'Henriette Marie de France, reine d'Angleterre, à Saint-Germain en Laye*.

Hauteur, 5^m. — Largeur, 6^m,55.

60. — Lit de repos de forme droite, de l'époque de Louis XIV, en bois sculpté et doré ; huit pieds

à balustres cannelés; croisillon entre-jambes à volutes et roses; un seul dossier; le tout sans garniture.

Longueur, 1^m,90. — Largeur, 0^m,80. — Hauteur, 0^m,60.

61. — Fauteuil de l'époque de Louis XIV, en bois sculpté et doré; pieds, ceinture et accotoirs contournés; fond, dossier et joues couverts en tapisserie au petit point, de style Renaissance, à personnages, fleurs et ornements coloriés sur fonds noir et bleu.

Hauteur, 1^m,04. — Largeur, 0^m,78.

62. — Écran de l'époque de Louis XIV, en bois sculpté et doré; pieds à double patin à feuilles; montants droits à balustres; fronton à rinceaux et à vase de fleurs; feuille couverte en tapisserie de Beauvais moderne à fond noir et à sujet de bouquet de fleurs genre Vandaël.

Hauteur, 1^m,27. — Largeur, 0^m,77.

63. — Guéridon-torchère de l'époque de Louis XIV, en bois sculpté et doré; trois pieds à volute rentrante; tige à balustre ornée de fleurs; plateau rond.

Hauteur, 0^m,97.

64. — Console de milieu, de l'époque de Louis XIV, en bois sculpté et doré; huit pieds reliés deux à deux par une traverse à double console; croisillon central à volutes; montants à balustre avec coquille au centre; ceinture à fond quadrillé à lambrequins; les deux devantures offrent un médaillon central à tête d'homme laurée à l'antique; dessus plein.

Hauteur, 0^m,76. Longueur, 1^m,74. — Largeur, 0^m,74.

65. — Console de milieu, de l'époque de Louis XIV, en bois sculpté et doré; quatre pieds à godrons en forme de toupie; montants ajourés à balustres et à mascarons; croisillon entre-jambes à consoles et à feuilles; ceinture droite avec fleurons aux pilastres; les deux devantures à feuilles découpées à jour et à tête de Silène au centre; dessus plein.

Hauteur, 0^m,80. — Longueur, 1^m,38. — Largeur, 0^m,73.

66. — Console d'applique de l'époque de Louis XIV, en bois sculpté et doré; huit pieds à toupie à feuilles, reliés par un croisillon d'entre-jambes à feuilles et consoles; montants à bustes de femme engainés à consoles adossées et à guirlandes; ceinture droite à fond de fleurons avec tabliers à fleurs et à feuilles d'ornement; la devanture offre un écusson central dont les armes ont été effacées, surmonté d'une couronne dont il ne reste que l'emplacement; tablette rectangulaire à moulures en marbre portor.

Hauteur, 0^m,88. — Longueur, 2^m. — Profondeur, 0^m,88.

67. — Console de milieu de l'époque de Louis XIV, en bois peint en gris; quatre pieds à balustre; croisillon entre-jambes, à consoles à volutes; ceinture à fond quadrillé avec motifs centraux et ornements découpés à jour; dessus plein.

Hauteur, 0^m,80. — Longueur, 1^m,28. — Largeur, 0^m,67.

68. — Meubles d'appui genre Boulle, partie et contre-partie, style de l'époque de Louis XIV, en ébène et en marqueterie d'écaille et de cuivre, ornés de personnages drapés et d'ornements en bronze ciselé et doré; sur les façades, double chute de médailles à sujets du règne de Louis XIV; deux vantaux; dessus en courbari; portent l'estampille soit de *Montigny*, soit de *G. Jacob*.

Hauteur, 1^m,32. — Longueur, 1^m,22. — Profond., 0^m,47.

69. — Piédestaux-gaines genre Boulle, partie et contre-partie, style de l'époque de Louis XIV, en ébène et en marqueterie d'écaille, de cuivre et d'étain, ornés de bronze ciselés et dorés; ceinture à feuilles d'ornement; côtés à volutes de feuilles d'acanthe; devanture à tablier frangé bleu; tablette du dessus pleine (portent l'estampille soit de *Levasseur*, soit de *Séverin*).

Hauteur, 1^m,29. — Largeur, 0^m,49. — Profond., 0^m,51.

70. — Deux bas d'armoire à avant-corps, de Boulle, de l'époque de Louis XIV, en ébène et en marqueterie de cuivre et d'étain sur fond d'écaille, ornés de frises, d'encadrements et de rosaces en bronze doré; un vantail s'ouvrant sur des tiroirs à coulisse; tablette en marbre brocatelle rose d'Espagne; les façades ornées d'appliques en bronze ciselé et doré représentant l'une *Apollon et Daphné*, l'autre *Apollon et Marsyas*.

Hauteur, 0^m,98. — Longueur, 1^m,10. — Profond., 0^m,48.

71. — Mosaïque de l'époque de Louis XIV, de marbres, d'albâtre oriental et de pierres dures de rapport; tous les encadrements en marbre blanc; motif central ovale, entouré de fleurs de lys, de vases et d'attributs guerriers; cadre en bois noir à moulures.

Longueur, 1^m,49. — Largeur, 0^m,99.

72. — Deux vases de l'époque de Louis XIV, d'après un dessin de Bérain, en marbre brocatelle rose d'Espagne ; cinq pieds à griffes ; monture en bronze ciselé et doré, à appliques de têtes de lions et de guirlandes de fleurs ; couvercle à bouton de grenade.

Hauteur, 0^m,27. — Diamètre, 0^m,20.

93. — Console d'applique de la fin de l'époque de Louis XIV, en bois sculpté et doré ; deux pieds de biche reliés par un motif à tête de lion, coquille et culot ; montants à double console à mascaron, à fleurs et à volutes ; ceinture à feuilles sur fond gravé ; motif central à feuilles et coquille accostée d'ailerons ; tablette chantournée à moulures en marbre griotte rouge.

Hauteur, 0^m,89. — Longueur, 1^m,56. — Profond., 0^m,65.

94. — Console d'applique de la fin de l'époque de de Louis XIV, en bois sculpté et doré ; deux pieds cannelés à toupie, reliés par une traverse à motif d'ornement ; montants à console avec mascarons, chutes de fleurs et écoinçons en coquille accostée d'ailerons ; ceinture à guirlandes de fleurs ; motif central à tête de femme ; tablette chantournée à moulures en marbre Sainte-Anne.

Hauteur, 0^m,77. — Longueur, 1^m,15. — Profond., 0^m,52.

95. — Console d'applique de la fin de l'époque de Louis XIV, en bois sculpté et doré ; pieds à volutes ; montants contournés à guirlandes de fleurs ; ceinture à fond natté et à courants d'ornements, de feuilles et de fleurs ; dessus plein.

Hauteur, 0^m,87. — Longueur, 1^m,45. — Profond., 0^m,75.

96. — Console d'applique de la fin de l'époque de Louis XIV, en bois sculpté et doré; quatre pieds à godrons et à volutes; montants contournés à feuilles et à fleurs; ceinture à fond quadrillé et découpures d'ornements à jour, avec dragons en bas-relief; le dessus manque.

Hauteur, 0^m,82. — Longueur, 1^m,72. — Profond., 0^m,68.

97. — Console d'applique en bois sculpté et doré, de la fin de l'époque de Louis XIV; quatre pieds à volute, reliés par un croisillon d'entre-jambes; montants et ceinture à sculpture nattée, avec branches de feuilles et de fleurs; tablette en marbre blanc à moulures encadrant une mosaïque de marbres divers à arabesques et médaillons.

Hauteur, 0^m,91. — Longueur, 1^m,53. — Profond., 0^m,75.

98. — Console d'applique en bois sculpté et doré de la fin de l'époque de Louis XIV; quatre pieds à volute reliés par un croisillon d'entre-jambes; montants et ceinture à sculpture nattée, avec branches de feuilles et de fleurs; tablette en marbre bleu turquin encadrant quinze panneaux de mosaïque de pierres dures, sur fond de stuc, représentant des animaux et des scènes de la comédie italienne.

Hauteur, 0^m,91. — Longueur, 1^m,53. — Profond., 0^m,75.

99. — Console d'applique en bois sculpté et peint en gris, de la fin de l'époque de Louis XIV; deux pieds à volutes reliés par un motif d'entre-jambes; montants contournés à bustes de femme; ceinture **avec ornements et médaillon central de tête de**

femme; tablette chantournée à moulures en marbre vert veiné de blanc.

Hauteur, 0m,80. — Largeur, 0m,82. — Profond., 0m,42.

100. — Bureau plat, à double face, de la fin de l'époque de Louis XIV, en bois d'amarante, orné de bronzes ciselés et dorés; pieds à griffes; montants à tête de femme à console; ceinture à trois tiroirs encadrés de moulures en sablé, avec entrées de serrures à dauphins; les côtés encadrés de même et renfermant une tête de femme; tablette couverte en maroquin vert à vignettes dorées et entourée d'un quart de rond uni à moulures, avec écoinçons à coquilles.

Hauteur, 0m,77. — Largeur, 1m,95. — Profond., 0m,88.

LOUIS XV

131. — Commode du commencement de l'époque de Louis XV, en marqueterie rubannée de satiné, ornée de bronzes ciselés et dorés; devanture et côtés contournés; trois tiroirs; dessus en marbre brèche d'Alep à moulures.

Hauteur, 0m,86. — Longueur, 1m,47. — Profond., 0m,67.

132. — Bureau plat, à double face, du commencement de l'époque de Louis XV, en marqueterie de bois d'amarante, de violet et de satiné, orné de bronzes ciselés et dorés; pieds et montants à ornements rocaille; ceinture à trois tiroirs encadrés de moulures et garnis de poignées et d'entrées de serrures; les côtés encadrés de même et renfermant un motif rocaille; tablette couverte en maroquin

vert à vignettes dorées et entourée d'un quart de rond uni à moulures.

Hauteur, 0^m,79. — Longueur, 1^m,47. — Profond., 0^m,76.

133. — Console d'applique du commencement de l'époque de Louis XV, en bois sculpté, peint en vert céladon et doré; deux pieds à volutes reliés par un motif rocaille; montants à double console et à coquilles; ceinture rocaille à jour; tablette chantournée à moulures en marbre veiné.

Hauteur, 0^m,81. — Longueur, 1^m,30. — Profond., 0^m,64.

134. — Console d'applique en bois sculpté et doré, du commencement de l'époque de Louis XV; deux pieds à volutes rentrantes reliés par un motif à branches de fleurs; montants contournés à consoles; ceinture rocaille à jour, chantournée et ornée de guirlandes de fleurs.

Hauteur, 0^m,85. — Largeur, 1^m,28. — Profond., 0^m,60.

135. — Commode du commencement de l'époque de Louis XV, en marqueterie d'amarante, de violet, de rose et de satiné, à dessin de croisillons; sabots, culot, montants à écoinçons, entrées de serrures et poignées en bronze ciselé et doré rocaille; quatre tiroirs; tablette chantournée à moulures en marbre griotte rouge; estampille de *J. P. Lathuile.*

Hauteur, 0^m,87. — Longueur, 1^m,30. — Profond., 0^m,65.

136. — Pendule-cartel, dite religieuse, du commencement de l'époque de Louis XV, en marqueterie, genre Boulle, de cuivre sur fond d'écaille, ornée de bronzes ciselés et dorés rocaille; devanture et

panneaux latéraux vitrés; coupole surmontée d'une figure de néréide; applique représentant Vénus assise sur un char traîné par des colombes et accompagnée de l'Amour; socle à trois faces en marqueterie semblable, partie et contre-partie, orné de bronzes ciselés et dorés rocaille; culot à coquille et à feuilles d'ornement. Le cadran, en bronze ciselé et doré, porte les heures et les chiffres en émail blanc et bleu et le nom de *Thiout l'aîné à Paris*.

Hauteur, 1^m,55. — Largeur, 0^m,55.

137. — Pendule-cartel du commencement de l'époque de Louis XV, en bronze ciselé et doré; cage ronde entourée de branches de feuilles et de fleurs et surmontée d'un motif rocaille; cadran en émail blanc portant le nom de *Pérache à Paris;* la cage est estampillée *St Germain*.

Hauteur, 0^m,45. — Largeur, 0^m,27.

138. — Pendule-cartel du commencement de l'époque de Louis XV, en bronze ciselé et doré; cage ronde entourée de branches de fleurs et surmontée d'un faisan; côtés à jour; cadran en émail blanc portant le nom de *Gille l'aîné, à Paris*.

Hauteur, 0^m,57. — Largeur, 0^m,38.

139. — Quatre bras d'applique du commencement de l'époque de Louis XV, en bronze ciselé et doré; branches enroulées à volutes de feuilles; culot à coquilles et fleurs; trois lumières.

Hauteur, 0^m,86. — Largeur, 0^m,50.

140. — **Deux bras d'applique du commencement de**

l'époque de Louis XV, en bronze ciselé et doré ; culot à fleurs ; branches enroulées à volutes de feuilles ; deux lumières.

Hauteur, 0m,45. — Largeur, 0m,26.

141. — Deux bras d'applique du commencement de l'époque de Louis XV, en bronze ciselé et doré ; branches enroulées à volutes de feuilles ; culot à fleurs ; trois lumières.

Hauteur, 0m,82. — Largeur, 0m,50.

150. — Pièce de tapisserie de la fabrication de Beauvais, xviiie siècle, d'après *J. B. Oudry*, isolée, dite *portière de Diane ;* médaillon central en camaïeu gris dans une bordure ovale entourée de fleurs ; fonds extérieurs jaune, bleu et vert, à nymphes, guirlandes, oiseaux, chiens, tête de cerf et attributs de chasse ; bordure à cadre doré avec baguettes et écoinçons à volutes de feuilles d'ornement et à ailerons.

Hauteur, 3m,47. — Largeur, 2m,60.

151. — Tenture complète dite des *Sujets de la Fable*, de la fabrication des Gobelins, xviiie siècle, d'après *F. Boucher*, partie ornementale par *Tessier ;* médaillons centraux à cadre ovale rocaille renfermant des sujets en camaïeu gris ; fond diapré rose deux tons, avec guirlandes ; cadre extérieur rocaille doré, orné de bouquets de fleurs aux écoinçons. Quatre pièces, savoir :

1° *Psyché et l'Amour ;*

Hauteur, 4m,25. — Largeur, 3m.

2° *Vertumne et Pomone.*

Hauteur, 4m,25. — Largeur, 3m.

3° *Amphitrite sur les eaux.*

Hauteur, 4m,25. — Largeur, 3m,60.

4° *Aurore et Céphale.*

Hauteur, 4m,25. — Largeur, 3m,60.

Cette tenture, composée en 1757, était destinée à la décoration murale du salon du Conseil, au palais de Compiègne.

152. — Tenture tirée de la série de sept tapisseries dite *Médée et Jason*, de la fabrication des Gobelins, xviiie siècle, d'après *J. F. de Troy;* bordure à cadre d'ornement en or verdâtre, de *H. F. Bourguignon* dit *Gravelot;* écoinçons et écusson supérieur fleurdelysés; cartouche rocaille descriptif. Quatre pièces, savoir :

1° *Jason engage sa foi à Médée, qui lui promet les secours de son art* (Audran. 1751).

Hauteur, 4m,20. — Largeur, 3m,80.

2° *Jason assoupit le dragon, enlève la toison d'or et part avec Médée* (Audran. 1751).

Hauteur, 4m,10. — Largeur, 5m,05.

3° *Jason, infidèle à Médée, épouse Créuse, fille du roi de Corinthe* (Cozette, 1754).

Hauteur, 4m,10. — Largeur, 4m,95.

4° *Médée poignarde les deux fils qu'elle avait eus de Jason, embrase Corinthe et se retire à Athènes.*

Hauteur, 4m,10 — Largeur, 4m,80.

153. — Cadre de l'époque de Louis XV, en bois sculpté et doré; pieds à dauphins; soubassement à coquilles; montants à baguettes enroulés de guirlandes de fleurs; fronton à médaillon enguir-

landé, surmonté d'un bouquet de fleurs et accosté de deux enfants tritons ailés.

<small>Hauteur, 3^m,40. — Largeur, 1^m,60.</small>

<small>Le médaillon renferme un écusson aux armes de France provenant de la bordure d'une tapisserie des Gobelins du xviie siècle. Le panneau de tapisserie représente un fragment de combat de cavalerie de la fabrication de Beauvais, xviiie siècle, d'après *Casanova*.</small>

154. — Commode de l'époque de Louis XV, en marqueterie d'amarante, de violet et de satiné : sabots, montants à écoinçons, entrées de serrures et poignées en bronze ciselé et doré rocaille ; panneaux fleuris ; deux tiroirs ; tablette chantournée à moulures en marbre brèche d'Alep ; estampille de *J. Dautriche.*

<small>Hauteur, 0^m,89. — Longueur, 1^m,30. — Profond., 0^m,58.</small>

155. — Commode de l'époque de Louis XV, en marqueterie de palissandre et de satiné, à panneaux encadrés de filets de houx ; sabots, culot, montants à écoinçons, entrées de serrures et poignées en bronze ciselé et doré rocaille ; deux tiroirs ; tablette chantournée à moulures en marbre brèche d'Alep.

<small>Hauteur, 0^m,86. — Longueur, 1^m,41. — Profond., 0^m,64.</small>

156. — Commode de l'époque de Louis XV, en marqueterie de violet et de satiné, à panneaux fleuris ; sabots, culot, montants à écoinçons, entrées de serrures et poignées en bronze ciselé et doré rocaille ; deux tiroirs ; tablette chantournée à moulures en marbre brèche d'Alep.

<small>Hauteur, 0^m,89. — Longueur, 1^m,45. — Profond., 0^m,65.</small>

157. — Console d'applique de l'époque de Louis XV,

en bois sculpté et doré; deux pieds à volutes rentrantes, reliés par un motif rocaille à dragon; montants à console, guirlandes de fleurs et coquilles; ceinture rocaille à jour; tablette chantournée à moulures en marbre brèche d'Alep.

Hauteur, 0m,82. — Longueur, 1m,36. — Profond., 0m,57.

158. — Console d'applique de l'époque de Louis XV, en bois sculpté et doré; deux pieds à feuilles reliés par un motif rocaille; montants contournés à dragons; ceinture rocaille à jour; tablette chantournée à moulures en marbre griotte.

Hauteur, 0m,80. — Longueur, 0m,81. — Profond., 0m,45.

159. — Pendule à monture de l'époque de Louis XV, en bronze ciselé et doré; socle surmonté d'un bouquet de feuilles et de fleurs supportant la cage ronde du mouvement; cadran en émail blanc de *Étienne Lenoir* à Paris; la cage, les deux chimères qui l'accostent et les fleurs des bouquets sont en ancienne porcelaine de la Chine bleu turquoise.

Hauteur, 0m,32. — Largeur, 0m,32.

160. — Pendule-cartel de l'époque de Louis XV, en bronze ciselé et doré, de forme contournée; cage ronde entourée de branches de roses et de feuilles à graines, et surmontée d'une figurine d'enfant; culot à double volute, surmonté de deux colombes; cadran concave en émail blanc.

Hauteur, 0m,74. — Largeur, 0m,42.

161. — Pendule dite religieuse, de l'époque de Louis XV, ornée de bronzes ciselés et dorés; le fond de la cage au vernis Martin, fond rougeâtre, à dessin de branches de roses; la devanture et les

panneaux latéraux vitrés; le cadran, en émail blanc, à treize compartiments, porte le nom de *Dautel, à Paris;* la cage est estampillée *J. Goyer.*

Hauteur, 0ᵐ,99. — Largeur, 0ᵐ,50. — Profond., 0ᵐ,20.

162. — Pendule de style Louis XV, en bronze ciselé et doré; socle à rinceaux à moulures supportant deux génies, dont l'un tient le médaillon du Roi; mouvement reposant sur des blocs rocailleux, avec branches de feuilles de chêne et de myrte adossées à un fond de rayons solaires; au-dessus, un troisième génie tendant une couronne; cadran estampé et chiffres émaillés en bleu.

Hauteur, 0ᵐ,94. — Longueur, 0ᵐ,81. — Profond., 0ᵐ,28.
Cette pendule est de fabrication moderne : elle porte l'estampille *S. Picard;* à l'exception du cadran, c'est une reproduction fidèle, faite pendant le dernier règne, de la pendule de l'époque de Louis XV, signée de *Gallien,* qui est placée dans le salon de l'Œil-de-Bœuf, au palais de Versailles.

163. — Deux candélabres de l'époque de Louis XV, en bronze ciselé et doré; pied rond à guirlande de myrte et à rang de perles; tige à feuilles et à graines d'où sortent trois branches à rinceaux à une lumière chacune.

Hauteur, 0ᵐ,58. — Largeur, 0ᵐ,30.

164. — Lustre de l'époque de Louis XV, à monture en cuivre doré à l'or de feuille; dix lumières; enfilage, pyramides, étoiles, plaquettes et culot en cristal de roche.

Hauteur, 1ᵐ. — Diamètre, 0ᵐ,65.

165. — Lustre de l'époque de Louis XV, à monture et chaînettes en cuivre argenté; huit lumières;

enfilage, guirlandes, pyramides, aigrettes, étoiles, amandes, plaquettes et culots en cristal de roche.

Hauteur, 1m,20. — Diamètre, 0m,80.

166. — Deux lustres de l'époque de Louis XV, à monture en cuivre verni; vingt-quatre lumières; enfilage, pyramides, étoiles, plaquettes et culot en cristal.

Hauteur, 1m,65. — Diamètre, 1m.

167. — Lustre de l'époque de Louis XV, à monture en cuivre argenté; douze lumières; enfilage, pyramides, plaquettes, étoiles et culot en cristal.

Hauteur, 1m,40. — Diamètre, 0m,75.

168. — Trois lustres de l'époque de Louis XV, à monture en cuivre argenté; douze lumières; enfilage, pyramides, plaquettes, étoiles et culot en cristal de Bohême.

Hauteur, 1m,35. — Diamètre, 0m,75.

169. — Deux bras d'applique de l'époque de Louis XV, à trois lumières, en bronze ciselé et doré; tige et branches à volutes, moulures, feuilles d'ornement et graines.

Hauteur, 0m,80. — Largeur, 0m,55.

170. — Deux bras d'applique de l'époque de Louis XV, en bronze ciselé et doré; tige et branches contournées à feuilles; deux lumières.

Hauteur, 0m,40. — Largeur, 0m,28.

171. — Deux bras d'applique de l'époque de Louis XV, en bronze ciselé et doré; branches contournées à feuilles et à graines; deux lumières.

Hauteur, 0m,41. — Largeur, 0m,21.

172. — Deux bras d'applique de l'époque de Louis XV, en bronze ciselé et doré ; tige et branches contournées à feuilles et fleurs ; deux lumières.

Hauteur, 0^m,50. — Largeur, 0^m,31.

173. — Quatre bras d'applique de l'époque de Louis XV, en bronze ciselé et doré ; tige rocaille à fleurs ; branches contournées à feuilles ; deux lumières.

Hauteur, 0^m,41. — Largeur, 0^m,19.

174. — Feu de l'époque de Louis XV, en bronze ciselé et doré, à volutes, feuilles et grenade ; figurines assises de Chinois et de Chinoise auprès d'un perroquet.

Hauteur, 0^m,47. — Longueur, 0^m,47.

175. — Feu à deux branches, de l'époque de Louis XV, socles à volutes et rinceaux rocaille supportant deux figurines assises, représentant l'une Pluton, l'autre Proserpine.

Hauteur, 0^m,51. — Longueur, 0^m,50.

176. — Deux brûle-parfums, de forme ronde, à couvercle, revêtus de laque de la Chine, fond noir, dessin de fleurs d'or deux tons ; monture de l'époque de Louis XV, en bronze ciselé et doré ; frise à jour ; anses à rinceaux et à branches de fleurs ; bouton rocaille.

Hauteur, 0^m,34. — Largeur, 0^m,35.

177. — Potiche en porcelaine de la Chine, famille verte, de la fabrication du xviie siècle, à dessin d'arbustes, de fleurs et d'oiseaux ; monture du col et du pied de l'époque de Louis XV, en bronze

ciselé et doré, à moulures et feuilles d'ornement.

Hauteur, 0^m,80. — Largeur, 0^m,35.

178. — Deux bouteilles en porcelaine de la Chine, de la fabrication du xviiie siècle, fond noir, à dessin de fleurs, tables, écrans, vases et ornements de diverses couleurs; monture genre Louis XV, en bronze ciselé et doré rocaille; anses à rinceaux et à branches de fleurs.

Hauteur, 0^m,40. — Largeur, 0^m,20.

179. — Deux bouteilles en vieux céladon fleuri de la Chine, à personnages, arbres, oiseaux et animaux de dessin bleu semé de rouge; monture de l'époque de Louis XV en forme de buire; socle rond à feuilles; anse à rinceaux surmontée d'un dragon; bec à coquille et à escargot.

Hauteur, 0^m,60. — Largeur, 0^m,25.

180. — Vase de l'époque de Louis XV, en porphyre rouge antique; monture en bronze ciselé et doré; pied rond; panse et couvercle à godrons; socle carré à moulures et à feuilles; anses à volutes et à roseaux; bouton du couvercle à graines et à feuilles.

Hauteur, 0^m,65. — Largeur, 0^m,42.

181. — Deux potiches en porcelaine du Japon réticulée de la fabrication du xviiie siècle, fond blanc, dessin bleu, rouge et or, formées de deux vases superposés; monture moderne rocaille en bronze ciselé et doré, anses à dragons.

Hauteur, 0^m,40. — Largeur, 0^m,14.

182. — Quatre cornets en porcelaine du Japon, fabri-

cation du xviii⁰ siècle, fond blanc, dessin bleu, rouge et or; monture moderne genre rocaille en bronze ciselé et doré.

Hauteur, 0ᵐ,46. — Diamètre, 0ᵐ,22.

183. — Deux cornets semblables aux précédents.

Hauteur, 0ᵐ,38. — Diamètre, 0ᵐ,20.

184. — Paravent à monture en étoffe de soie bleue, avec encadrements de baguettes dorées, comprenant cinq feuilles de tapisseries de Beauvais à sujets de pastorales, signé *J. B. Oudry* 1749.

Hauteur, 1ᵐ,72. — Largeur de chaque feuille, 0ᵐ,67.

185. — Deux statuettes couchées, en marbre blanc, représentant l'une Cléopâtre, l'autre Méléagre.

Hauteur, 0ᵐ,48. — Longueur, 0ᵐ,97.

201. — Causeuse de la fin de l'époque de Louis XV, en bois sculpté et peint en gris; pieds et accotoirs à moulures contournées; ceinture et dossier à guirlandes de fleurs; siège, dossier et joues couverts (en maquette) d'une étoffe de soie à fond cannetillé et à dessin colorié de fleurs et de fougères.

Hauteur, 1ᵐ,50. — Longueur, 1ᵐ,38.

202. — Causeuse semblable à la précédente, couverte (en maquette) de lampas fond bleu clair à dessin gris.

Hauteur, 1ᵐ,50. — Longueur, 1ᵐ,38.

203. — Commode de la fin de l'époque de Louis XV, en marqueterie d'amarante, de satiné, de sycomore et de houx, ornée de bronzes ciselés et dorés; pieds de biche à sabots de feuilles et de

volutes; montants à pans coupés à guirlandes et à cannelures simulées; cinq panneaux de marqueterie à dessin de paysage, de personnages, d'attributs de musique, de fleurs et de vases; les côtés concaves; la devanture à avant-corps et formant trois tiroirs à anneaux et à rubans; tablette en marbre bleu turquin, chantournée à ressauts et à moulures; estampille de *Cramer*.

Hauteur, 0ᵐ,91. — Longueur, 1ᵐ,25. — Profond., 0ᵐ,57.

204. — Bureau à cylindre, à double face, de la fin de l'époque de Louis XV, en acajou moucheté, orné de bronzes ciselés et dorés; pieds à griffes; montants à rangs de perles, à console et à guirlandes; ceinture à cinq tiroirs; cylindre à lames; frise à trois tiroirs; dessus plein à galerie découpée; deux tablettes latérales tirantes; les côtés et la partie postérieure à panneaux encadrés de raies de cœurs; l'intérieur à six cases; le cylindre en se levant ouvre tous les tiroirs. La clef, en fer forgé et ouvragé, passe pour avoir été faite par le Dauphin (Louis XVI). Le meuble porte l'estampille de *Riesener*.

Hauteur, 1ᵐ,20. — Longueur, 1ᵐ,52. — Profond., 0ᵐ,83.

205. — Bureau à cylindre, à double face, de la fin de l'époque de Louis XV, en acajou moucheté; pieds à griffes; boutons, anneaux et entrées de serrures en bronze ciselé et doré; ceinture à cinq tiroirs; cylindre à lames; frise à trois tiroirs; dessus plein à galerie évidée; deux tablettes latérales tirantes; les côtés et la partie postérieure à panneaux de moulures; l'intérieur à cinq tiroirs et à

sept cases; la ceinture est encadrée d'un quart de rond uni à moulures.

Hauteur, 1m,25. — Longueur, 1m,62. — Profond., 0m,87.

206. — Bureau plat de dame, à double face, de la fin de l'époque de Louis XV, en marqueterie d'amarante, de bois de rose et de bois teints, orné de bronzes ciselés et dorés; pieds octogones à gaine avec sabots à feuilles et chapiteaux à oves; ceinture avec frise d'arabesques; écoinçons à chute de fleurs; deux tiroirs à anneau sur les côtés; tablette tirante couverte en velours; dessus à losanges et galerie découpée à jour; estampille de *J. H. Riesener*.

Hauteur, 0m,75. — Longueur, 0m,82. — Profond., 0m,49.

207. — Deux encoignures en ébène, de la fin de l'époque de Louis XV, ornées de bronzes ciselés et dorés; pieds carrés à rosaces; montants à pan coupé et console de feuilles d'acanthe; ceinture à arabesques; soubassement découpé à culot et à tête de lion; un vantail en laque de Chine fond noir à dessin d'or de paysage; tablette en marbre blanc à ressauts et à moulures; estampille de *M. Carlin* et monogramme B V couronné.

Hauteur, 0m,94. — Longueur, 0m,82. — Profond., 0m,50.

208. — Console d'applique de la fin de l'époque de Louis XV, en marqueterie de violet, de satiné, de houx et de bois teints; forme demi-circulaire; quatre pieds carrés à gaine; trois panneaux à guirlandes de fleurs; un tiroir; sabots, chutes, encadrements, culots, entrée de serrure en bronze

ciselé et doré; tablette à moulures en marbre blanc.

Hauteur, 0m,82. — Longueur, 0m,97. — Profond., 0m,46.

209. — Console d'applique, de la fin de l'époque de Louis XV, en bois sculpté et doré; socle rond cannelé surmonté de deux sirènes enlacées; fond à double console à pied de biche; tablette chantournée à mosaïque sur fond de marbre translucide verdâtre, en pierres dures, représentant une guirlande de fleurs avec rubans, chenilles et papillons; quart de rond uni à moulures en cuivre doré.

Hauteur, 0m,92. — Longueur, 1m,09. — Profond., 0m,67.

210. — Secrétaire de la fin de l'époque de Louis XV, en marqueterie de sycomore, de bois de rose et de houx teint, avec encadrements en amarante et en racine de frêne, orné de bronzes ciselés et dorés; pieds à feuilles; socle à culot d'ornements; ceinture à entrelacs à jour; la partie supérieure à damier, formant abattant et renfermant six tiroirs à anneaux, six cases et un coffre-fort; la partie inférieure, également à damier, s'ouvrant à deux vantaux à cylindre et renfermant quatre tiroirs à anneau et une case; les côtés à damier inscrivant un cercle; et les montants droits à cannelures simulées; la tablette à ressauts en marbre brèche d'Alep; estampille de *J. F. Oeben*.

Hauteur, 1m,52. — Longueur, 1m,16. — Profond., 0m,44.

211. — Chiffonnier formant suite au secrétaire qui précède, de même construction et de même ornementation, avec cette différence que la partie **supérieure s'ouvre au moyen de deux vantaux à**

cylindre et renferme dix tiroirs à anneau, et que la partie inférieure, qui s'ouvre de même, renferme huit tiroirs à anneau; estampille de *J. F. Oeben*.

Hauteur, 1m,52. — Longueur, 1m,16. — Profond., 0m,44.

212. — Pendule de la fin de l'époque de Louis XV, en bronze ciselé et doré, signée de *Saint-Germain*, représentant l'enlèvement d'Europe. Le taureau en bronze est accosté de deux nymphes drapées et supporte la cage du mouvement, entourée de branches de fleurs et sur laquelle est assise Europe; le cadran en émail porte le nom de *Gille l'aîné à Paris*. Le tout est placé sur un socle à moulures en marbre noir.

Hauteur, 0m,77. — Largeur, 0m,60.

213. — Deux candélabres d'applique de la fin de l'époque de Louis XV; soubassement octogone en cuivre uni; socle rond évidé en marbre blanc avec ornements et couronne de myrte en bronze ciselé et doré; groupe de trois nymphes en bronze, entourant une colonne cannelée d'où s'échappe un bouquet de six lumières; branches à feuilles et à graines; bobèches et binets à cannelures et à rangs de perles; amandes et pendeloques en cristal de Bohême.

Hauteur, 1m,15. — Largeur, 0m,52.

214. — Deux candélabres d'applique de la fin de Louis XV; soubassement carré évidé à moulures et supportant un socle rond cannelé en marbre blanc à guirlande de feuilles de myrte et à ornements en bronze ciselé et doré; nymphe drapée debout en bronze, accompagnée d'un amour et

tenant une corne d'abondance d'où s'échappe un bouquet à dix lumières en bronze ciselé et doré; branches à feuilles et à graines.

Hauteur, 1m,30. — Largeur, 0m,58.

215. — Deux vases formant candélabres, de la fin de l'époque de Louis XV, en bronze ciselé et doré; quatre pieds à griffes; socle rond à ressauts et à rang de perles; pied à feuilles; ceinture à têtes de femmes avec couronne de chêne; anses à enfant triton; quatre branches porte-lumière en forme de corne d'abondance; col à cannelures torses.

Hauteur, 0m,38. — Largeur, 0m,22.

216. — Quatre bras d'applique de la fin de l'époque de Louis XV, en bronze ciselé et doré, à trois lumières; tige à gaine à feuilles surmontée d'un vase et terminée par un culot à graines; branches à rinceaux de feuilles reliées par une guirlande de laurier.

Hauteur, 0m,55. — Largeur, 0m,45.

217. — Deux bras d'applique de la fin de l'époque de Louis XV, en bronze ciselé et doré, à trois lumières; tige à gaine et à culot de graines; attache à nœuds de rubans; branches cannelées à feuilles.

Hauteur, 0m,42. — Largeur, 0m,45.

218. — Deux bras d'applique de la fin de l'époque de Louis XV, en bronze ciselé et doré; culot à graines; tige à gaine surmontée d'un vase à anses et à cannelures torses; trois rinceaux enroulés à feuilles d'acanthe et portant une lumière; vases à cannelures.

Hauteur, 0m,81. — Largeur, 0m,44.

219. — Deux bras d'applique de la fin de l'époque de Louis XV, en bronze ciselé et doré ; culot à graines ; tige à gaine, avec rang de perles et chute de lauriers, surmontée d'un écusson enrubanné représentant les torches de l'hyménée et accosté de deux dauphins ; trois rinceaux à une lumière ; vases à cannelures.

Hauteur, 0m,45. — Largeur, 0m,37.

220. — Deux bras d'applique de la fin de l'époque de Louis XV, en bronze ciselé et doré ; le bouquet de neuf lumières s'enlève sur un fond d'émail bleu, et ressort d'une draperie surmontée d'un médaillon en émail bleu où manquent les initiales ou emblèmes ; au dessus, se trouve un nœud de ruban d'où s'échappent des branches de graines et d'où descend une longue guirlande de feuilles entremêlées de perles ; culot à feuilles d'ornement et à graines.

Hauteur, 0m,80. — Largeur, 0m,55.

221. — Feu de la fin de l'époque de Louis XV, en bronze ciselé par *Gouthière* et doré, à deux branches dont chaque socle repose sur quatre pieds, contient des appliques de dépouilles de lions et de feuilles de lierre ainsi qu'un bas-relief de gibier et supporte d'une part un sanglier, de l'autre un cerf sur des rochers ; galeries à jour à pied cannelé, sur lesquelles sont jetées diverses pièces de gibier et une branche de chêne.

Hauteur, 0m,42. — Longueur, 0m,60.

222. — Feu semblable au précédent, sauf que les galeries en sont plus courtes.

Hauteur, 0m,42. — Longueur, 0m,49.

223. — Feu à deux branches de la fin de l'époque de Louis XV, en bronze ciselé et doré; socle principal à quatre pieds en forme de toupies, orné de guirlandes de fleurs et de fruits, surmonté d'un vase à godrons, à guirlandes de myrte, à têtes de bélier et à couvercle à graines; ceinture à rosaces et à entrelacs surmontée d'une console; petit socle cannelé surmonté d'un vase à anses.

Hauteur, 0^m,59. — Longueur, 0^m,49.

224. — Cassolette forme ronde de la fin de l'époque de Louis XV, en marbre serpentin antique, montée en bronze doré et ciselé par *Gouthière;* socle rond à moulures; anses formées par une sirène et par une faunesse drapées et tenant une guirlande de myrte; gorge à feuilles; frise à godrons et à chutes; couvercle surmonté d'un bouton à feuilles et à graines.

Hauteur, 0^m,38. — Largeur, 0^m,37.

225. — Cassolette forme ronde de la fin de l'époque de Louis XV, en marbre serpentin antique, montée en bronze doré et ciselé par *Gouthière;* socle rond à moulures; anses à tête de bélier; panse à arabesques; couvercle surmonté d'un bouton à feuilles et à graines.

Hauteur, 0^m,38. — Largeur, 0^m,36.

226. — Socle de la fin de l'époque de Louis XV, en bronze ciselé et doré, forme carrée; quatre pieds à godrons; panneaux à entrelacs, fleurons, et culots; piédouche rond à guirlande de feuilles de myrte enrubannée, avec gorge à oves; le plateau porte l'inscription suivante : *Fait par P. Caffiery, en* 1767.

Hauteur, 0ᵐ,20. — Longueur, 0ᵐ,22.

Ce socle supportait une coupe ovale en porphyre rouge antique, qui a disparu.

227. — Bouteille en émail cloisonné de la Chine, XVIIIe siècle, fond bleu clair, dessin de fleurs et d'ornements coloriés ; anses à anneau.

Hauteur, 0ᵐ,29. — Diamètre, 0ᵐ,14.

228. — Deux vases, forme de coupe ovale, avec couvercle à coquillage, en porcelaine bleu turquoise de la Chine ; monture de la fin de l'époque de Louis XV, en bronze ciselé et doré ; socle ovale à ressauts ; quatre pieds à griffes supportant une guirlande de myrte enrubannée ; ceinture à palmettes découpées, avec mascaron et cygne aux ailes déployées ; couvercle encadré de godrons et d'un rang de perles.

Hauteur, 0ᵐ,29. — Largeur, 0ᵐ,35. — Profondeur, 0ᵐ,19.

229. — Vase de la fin de l'époque de Louis XV, forme d'urne, en marbre jaune antique ; socle carré à moulures ; pied rond ; panse à godrons ; anses à têtes de bélier ; couvercle à bouton.

Hauteur, 0ᵐ,41. — Largeur, 0ᵐ,24.

LOUIS XVI

280. — Bureau plat à double face, du commencement de l'époque de Louis XVI, en marqueterie d'amarante et de bois de rose, avec filets de houx, orné de bronzes ciselés et dorés ; pieds carrés à

gaine et à sabots; panneaux encadrés de moulures en sablé; les angles à draperie; dans la ceinture, trois tiroirs à anneaux; tablette couverte en maroquin cramoisi à vignettes dorées et entourée d'un quart de rond uni à moulures; deux tablettes tirantes sur les côtés; estampille de *C. C. Saunier.*

Hauteur, 0m,76.— Longueur, 1m,62.— Profondeur, 0m,80.

281. — Deux pièces de tapisserie de la fabrication des Gobelins, fin du xviiie siècle, d'après *Ch. Coypel*, sans bordure, encadrées de baguettes en bois doré, savoir :

1° *Psyché implorant l'Amour;*

Hauteur, 3m,60. — Largeur, 2m,30.

2° *Psyché contemplant l'Amour;*

Hauteur, 3m,60. — Largeur, 2m,30.

282. Deux pièces de tapisserie de la fabrication des Gobelins, fin du xviiie siècle, d'après *Ch. Coypel*, encadrées de baguettes en bois doré, savoir :

1° *Le Sommeil de Renaud.*

Hauteur, 3m,60. — Largeur, 3m,20.

2° *L'Abandon d'Armide;* (Cozette, 1767).

Hauteur, 3m,60. — Largeur, 3m,30.

283. — Teinture tirée de la série de six tapisseries dite *les Jeux russiens,* de la fabrication de Beauvais, xviiie siècle, d'après *J. B. Leprince*, bordure à cadre doré de rang de perles et de feuilles de myrte. Deux pièces, savoir :

1° *La Bonne Aventure.*

Hauteur, 2m,50. — Largeur, 2m,70.

2° *Scène pastorale.*

Hauteur, 2m,50. — Largeur, 2m,25.

284. — Deux panneaux de la tapisserie de la fabrication de Beauvais, d'après des sujets de *F. Boucher*, xviii° siècle, représentant :

1° *Les Confidences.*

Hauteur, 1m,35. — Largeur, 1m,50.

2° *Amynte et Sylvie.*

Hauteur, 1m,35. — Largeur, 1m,50.

285. — Console d'applique du commencement de l'époque de Louis XVI, forme arrondie, en marqueterie de bois de rose, d'ébène et de houx teint, ornée de bronzes ciselés et dorés; quatre pieds tournés avec sabots à feuilles; chapiteaux à bagues; tablette d'entre-jambes en marbre blanc, entourée d'une galerie découpée à draperies; ceinture à rosaces et à arabesques renfermant un tiroir; dessus en marbre blanc à ressauts et à moulures.

Hauteur, 0m,90. — Longueur, 1m,30. — Profondeur, 0m,52.

286. — Secrétaire à chiffonnier du commencement de l'époque de Louis XVI, en marqueterie d'amarante, de bois de rose, de poirier, de sycomore, de houx et de bois teints, à dessin de vases, de fleurs, de table de travail et de fleurons; pieds et montants à pans coupés; un tiroir dans la ceinture; un abattant et deux vantaux; entrées de serrures en bronze ciselé et doré; l'intérieur en marqueterie, à six tiroirs et à quatre cases; tablette en marbre bleu turquin à ressauts et à moulures; estampille D. E.

Hauteur, 1m,35. — Longueur, 0m,82. — Profondeur, 0m,38.

287. — Commode en acajou moucheté, du commencement de l'époque de Louis XVI, ornée de bronzes ciselés et dorés; pieds contournés; montants à appliques; panneaux encadrés de moulures; cinq tiroirs à anneaux; tablette en marbre blanc à moulures et à ressauts; estampille de *J. H. Riesener.*

Hauteur, 0^m,89.— Longueur, 1^m,67.— Profondeur, 0^m,67.

288. — Deux candélabres à deux lumières, du commencement de l'époque de Louis XVI; socle rond à moulure et à rang de perles; jeune faune et jeune nymphe en bronze vert, tenant les deux branches à feuilles et à graines en bronze ciselé et doré.

Hauteurs, 0^m,42 et 0^m,39. — Largeur, 0^m,27.

301. — Fauteuil de l'époque de Louis XVI, en bois sculpté et peint en gris; pieds tournés et cannelés; dossier à fronton et ceinture à rangs de perles; accotoirs à volutes et à feuilles; siège, dossier et manchettes couverts (en maquette) d'une tapisserie de la fabrication de Beauvais du xviiie siècle, d'après *Casanova*; le bois porte l'étiquette suivante: *Année* 1783; *Garde-Meuble du Roi; Chatard, peintre et doreur, faux-bourg Montmartre, à Paris; pour Mesdames de France, à Bellevue.*

Hauteur, 0^m,93. — Largeur, 0^m,66.

302. — Fauteuil de l'époque de Louis XVI, en bois sculpté, peint en gris et doré; pieds tournés et cannelés; accotoirs à balustres et à feuilles; dossier carré demi-creux à moulures et rang de perles; **siège, dossier et manchettes couverts (en ma-**

quette) d'une tapisserie semblable à la précédente :
le bois est estampillé *J. B. Boulard.*

Hauteur, 9m,91. — Largeur, 0m,63.

303. — Fauteuil de l'époque de Louis XVI, en bois sculpté et doré; pieds tournés à cannelures torses; accotoirs à volutes et à feuilles; ceinture et dossier à pirouettes; siège, dossier et manchettes couverts (en maquette) d'une tapisserie semblable à la précédente; le bois est estampillé *G. Jacob.*

Hauteur, 1m,01. — Largeur, 0m,70.

304. — Fauteuil de l'époque de Louis XVI, en bois sculpté et peint en vert céladon; pieds tournés à cannelures torses; dossier carré à grenades, fronton, entrelacs et rang de perles; accotoirs à volutes et à feuilles; siège, dossier et manchettes couverts (en maquette) d'une tapisserie semblable à la précédente; le bois est estampillé *Dupain.*

Hauteur, 1m. — Largeur, 0m,68.

305. — Fauteuil de l'époque de Louis XVI, en bois sculpté et doré; pieds tournés et cannelés, à roulettes; accotoirs à volutes et à feuilles; dossier carré à fronton; siège, dossier et manchettes couverts (en maquette) d'une tapisserie de la fabrication de Beauvais, même époque, fond vert à dessin de bouquets de fleurs encadré de branches de lilas, d'après *Jacques;* le bois estampillé *G. Jacob.*

Hauteur, 0m,98. — Largeur, 0m,68.

306. — Fauteuil de l'époque de Louis XVI, en bois sculpté et peint en gris; pieds cannelés à feuilles;

accotoirs à volutes et à feuilles ; dossier à fronton arrondi, à feuilles et à rang de perles ; siège, dossier et manchettes couverts (en maquette) d'une tapisserie semblable à la précédente.

Hauteur, 0m,95. — Largeur, 0m,64.

307. — Fauteuil de l'époque de Louis XVI, en bois sculpté cru, de forme arrondie ; pieds à cannelures torses ; ceinture et dossier à courants de feuilles de lauriers ; accotoirs cannelés à volutes et à feuilles ; siège, manchettes et dossier ovale à fronton couverts d'une tapisserie semblable à la précédente ; le bois estampille J. Nadallaine et du monogramme C. D. T. couronné.

Hauteur, 0m,99. — Largeur, 0m,72.

308. — Chaise de l'époque de Louis XVI, en bois sculpté et peint en vert céladon ; pieds tournés à cannelures torses ; dossier carré à grenades, fronton, entrelacs et rang de perles ; siège et dossier couverts (en maquette) d'une tapisserie semblable à la précédente ; le bois est estampillé *Dupain*.

Hauteur, 0m,90. — Largeur, 0m,50.

309. — Fauteuil forme carrée, de l'époque de Louis XVI, en bois sculpté peint en gris ; pieds tournés et cannelés ; accotoirs à balustres et à feuilles ; ceinture et dossier à courants de fleurons ; siège, dossier et manchettes couverts (en maquette) de lampas de Lyon, fond gris, à dessin brodé et chenillé de feuilles et de fleurs ; le bois est estampillé *G. Jacob*.

Hauteur, 0m,91. — Largeur, 0m,64.

310. — Chaise forme carrée, de l'époque de Louis XVI, en bois sculpté et doré ; pieds tournés et cannelés ; ceinture à fleurons ; montants à balustres ; fronton à feuilles ; fond et dossier couverts (en maquette) de lampas fond cramoisi, dessin gris de fleurs.

Hauteur, 0^m,90. — Largeur, 0^m,51.

311. — Paravent à trois feuilles ; monture en damas de soie vert ; les six faces couvertes en lampas de Lyon, de l'époque de Louis XVI, fond gris, dessin colorié de bouquets, de vases, de rubans et de colliers de perles ; bordure assortie à dessin de fleurs et de rinceaux.

Hauteur, 1^m,30. — Largeur de chaque feuille, 0^m,65.

312. — Lit de pied de l'époque de Louis XVI, en bois sculpté et doré ; grand et petit dossier à couronne de fleurs, à branches de lauriers et à consoles ; montants cannelés ; pans droits à guirlandes de fleurs.

Longueur, 2^m,20. — Largeur, 1^m,62. — Hauteur, 1^m,65.

Châssis de lit rectangulaire en bois sculpté et doré à couronnes, rubans et guirlandes.

Garniture des dossiers, tapis de lit, faux traversin, rideaux et draperies en étoffe de soie brochée de Lyon, fond gris, dessin de losanges de feuilles de chêne et de laurier et de grappes de groseilles, d'après *Philippe de la Salle* ; bordures, passementerie et embrasses assorties ; toute la garniture est de l'époque de Louis XVI.

313. — Bureau de dame, à cylindre, à double face, de l'époque de Louis XVI, en marqueterie de sycomore et de satiné à losanges, orné de bronzes ciselés et dorés ; pieds à gaine avec sabots et chapiteaux à feuilles ; plateau à quart de rond à mou-

lures; ceinture à bas-reliefs représentant les génies des arts; les panneaux encadrés de raies de cœurs; les montants à chutes de fleurs; la tablette supérieure encadrée sur trois sens d'une galerie découpée à jour; trois tiroirs dans la ceinture; l'intérieur à quatre tiroirs et à cinq cases; le cylindre orné d'un médaillon d'instruments de musique qu'entourent des guirlandes de fleurs.

Hauteur, 1^m,05.— Longueur, 1^m,13.— Profondeur, 0^m,64.

314. — Bureau de dame, à cylindre, formant commode, de l'époque de Louis XVI, et de travail étranger, en marqueterie de satiné et de houx, à sujets orientaux et à rosaces; pieds à gaine avec sabots en cuivre; deux tiroirs à anneaux; à l'intérieur quatre tiroirs et une case.

Hauteur, 1^m,05.— Longueur, 0^m,97.— Profondeur, 0^m,55.

315. — Bureau à cylindre, à double face, de l'époque de Louis XVI, en acajou moiré, orné de bronzes ciselés et dorés; huit pieds à gaine et à plaques striées; voûte à draperies; panneaux encadrés de plaques striées; cinq tiroirs s'ouvrant à secret dans la ceinture; l'intérieur à trois portiques à colonnes, avec six tiroirs ouvrant à secret et à six cases; la partie supérieure à six tiroirs et à deux tablettes tirantes s'ouvrant à secret; frise découpée à entrelacs de culots; au centre du fronton est appliqué un médaillon représentant Louis XVI, surmonté d'un nœud de ruban et d'une guirlande de laurier.

Hauteur, 1^m,48.— Longueur, 1^m,49.— Profondeur, 0^m,83.

316. — Commode en acajou, de l'époque de

Louis XVI, ornée de bronzes ciselés et dorés; pieds à toupie; montants à consoles et à guirlandes de fleurs; ceinture à courant de volutes; les côtes concaves; cinq tiroirs; tablette à moulures et à ressauts en marbre bleu turquin; estampille de *J. H. Riesener*.

Hauteur, 1m,02. — Longueurs, 1m,98 et 1m,55. — Profondeur, 0m,70.

317. — Commode de l'époque de Louis XVI, en satiné, avec filets de houx, ornée de bronzes ciselés et dorés; pieds tournés à sabots et à bagues; montants ronds surmontés d'écoinçons à feuilles d'ornement; panneaux encadrés de moulures et de rangs de perles; cinq tiroirs et deux vantaux; entrées de serrures à anneaux et à rubans; tablette en marbre blanc veiné de noir, à ressauts et à moulures; estampille de *R. Lacroix*.

Hauteur, 0m,92. — Longueur, 1m,23. — Profondeur, 0m,62.

318. — Deux guéridons ronds de l'époque de Louis XVI, en acajou moiré, ornés de bronzes ciselés et dorés; socle rond plein; trois pieds de biche; montants à gaine cannelés; deux plateaux entre-jambes encadrés de moulures en sablé; ceinture à bas-reliefs en acajou teint en noir représentant des têtes de bélier, reliées par des guirlandes de feuilles; dessus en marbre brocatelle rose d'Espagne, encadré d'une galerie découpée à jour.

Hauteur, 0m,78. — Diamètre, 0m,41.

319. — Deux meubles d'appui de l'époque de Louis XVI, en acajou moiré, ornés de bronzes

ciselés et dorés; pieds cannelés à toupie; montants à colonne cannelée détachée; embases et chapiteaux à oves; panneaux encadrés de moulures et de raies de cœurs; socle à plaques striées et à quart de rond; frise à quart de rond enchâssant une tablette en marbre blanc; deux vantaux; deux tablettes à l'intérieur.

Hauteur, 0m,94.— Longueur, 1m,37.— Profondeur, 0m,57.

320. — Table à ouvrage à double face, de l'époque de Louis XVI, en acajou ronceux, ornée de bronzes ciselés et dorés; pieds tournés à bagues et à roulettes; tablette évidée entre-jambes, à galerie découpée; ceinture à un tiroir avec entrée de serrure; chapiteaux à guirlandes de fleurs et de fruits; dessus plein à galerie découpée sur trois faces; inscription gravée : « *Fait et présenté à la Reine par M. de Fontanieu, intendant général des meubles de la Couronne en* 1781. »

Hauteur, 0m,75.— Longueur, 0m,59.— Profondeur, 0m,37.

321. — Console d'applique de l'époque de Louis XVI, en bois sculpté et doré; quatre pieds à griffes; montants à vases peints et à sirènes adossées; traverse entre-jambes avec plateau; tablette à ressauts en marbre bleu turquin; estampille de *G. Jacob*.

Hauteur, 0m,90.— Longueur, 1m,41.— Profondeur, 0m,65.

323. — Deux consoles d'applique de l'époque de Louis XVI, en bois sculpté et doré, forme arrondie; quatre pieds cannelés reliés par un croisillon d'entre-jambes à plateau; chapiteaux à volutes et à guirlandes de fleurs; ceinture à pirouettes, à

fleurons découpés et à arabesques ; frise à oves ; tablette en marbre blanc à ressauts et à moulures.

Hauteur, 0m,89. — Longueurs 1m, 82, et 1m,07. — Profondeur, 0m,60.

324. — Console d'applique de l'époque de Louis XVI, en bois sculpté et doré ; pieds à gaine surmontés de bustes égyptiens, avec guirlandes de fleurs ; ceinture à couronnes de fleurs et entrelacs ; frise à feuilles ; tablette en marbre blanc à ressauts et à moulures.

Hauteur, 0m,92. — Longueur, 1m,77. — Profondeur, 0m,85.

325. — Mosaïque de l'époque de Louis XVI, de pierres dures de rapport, dans un encadrement de bois pétrifié bordé d'un quart de rond en bronze doré ; fond de cuivre ; dessins de vases, de feuilles, de fleurs, de chenilles et de fruits ; la partie centrale offre trois sujets de Pompéi : celui du centre, dans un médaillon octogone, représente le Minotaure ; les deux autres, dans une voussure, reproduisent en haut Apollon et Linus et en bas le combat des Amazones ; signature de *Clermont*.

Longueur, 1m,85. — Largeur, 0m,98.

327. — Baromètre-cartel de l'époque de Louis XVI, en bois sculpté et doré à plusieurs ors ; cadran circulaire à oves et à raies de cœurs, surmonté d'un écusson avec couronne et guirlandes de lauriers ; au centre un motif en cuivre découpé représente un double L couronné et porte l'inscription suivante : *Lacan, horloger rue Saint-Denis, vis à vis Saint-Chaumont.*

Hauteur, 0m,93. — Largeur, 0m,75.

328. — Pendule en forme de portique rond, de l'époque de Louis XVI, en marbre blanc, ornée de bronzes ciselés et dorés; socle rond à rang de perles, surmonté de quatre colonnes à bagues et à tore de laurier et d'un berger en biscuit jouant de la cornemuse; plateau à chaînettes, à glands et à galerie découpée supportant le mouvement tournant; deux cercles en émail blanc formant cadran; chapiteau à bouton de feuilles et de graines; mouvement de *Hardel*, à Paris.

Hauteur, 0m,36. — Diamètre, 0m,18.

329. — Pendule forme piédestal, de l'époque de Louis XVI, en marbre blanc, ornée de bronzes ciselés et dorés; socle et façade à arabesques; côtés à console et à guirlandes; entablement à oves et à rang de perles; fronton surmonté d'un vase à anses, fleurs et fruits, flanqué de deux pommes de pin; cadran d'émail blanc sans nom.

Hauteur, 0m,32.—Longueur, 0m,18. — Profondeur, 0m,09.

330. — Deux candélabres à deux lumières, de l'époque de Louis XVI, en bronze ciselé et doré; pied à plateau évidé; socle à quatre têtes de béliers formant trépied; branches à feuilles; vases à canaux; bouquet de graines central; le corps est une chimère en ancienne porcelaine bleu turquoise de la Chine, sur un socle de couleur violette.

Hauteur, 0m,37. — Largeur, 0m,24.

331. — Deux candélabres de l'époque de Louis XVI; socle rond en bronze ciselé et doré à feuilles, culots et rang de perles; femme drapée debout en bronze vert tenant un thyrse enguirlandé de pam-

pres et terminé par un vase d'où s'échappe un bouquet de douze lumières sur trois gradations, avec rinceaux à feuilles, cannelures et cordes à puits; tout le bouquet en bronze ciselé et doré.

Hauteur, 1m,40. — Diamètre, 0m,57.

332. — Deux candélabres en tout semblables aux précédents.

Hauteur, 1m,40. — Diamètre, 0m,57.

333. — Deux candélabres de l'époque de Louis XVI, en bronze ciselé et doré; socle rond en marbre griotte rouge, surmonté d'une nymphe au vert antique tenant un cornet et une corbeille de fruits; bouquet à trois lumières; branches à feuilles et têtes de coqs; brandon du centre à enroulement de serpent.

Hauteur, 0m,94. — Largeur, 0m,38.

334. — Deux bras d'applique à cinq lumières, de l'époque de Louis XVI, en bronze ciselé et doré; tige à vase allongé surmonté d'un bouquet de fleurs et de fruits, orné d'arabesques et d'une tête de femme entre deux têtes de satyres et terminé par un culot et par une chute de couronnes de lauriers et de pampres; branches à rinceaux avec feuilles et graines; bobèches et binets à rangs de perles.

Hauteur, 0m,70. — Largeur, 0m,57.

335. — Deux bras d'applique à trois lumières, de l'époque de Louis XVI, en bronze ciselé et doré; tige à vase allongé surmonté d'un bouquet de fleurs et de fruits, orné d'arabesques et d'une tête

de femme entre deux têtes de satyres et terminé par un culot et par une chute de couronnes de lauriers et de pampres; branches à rinceaux, à colliers de perles et à guirlandes de fleurs; bobèches cannelées à dents; binets à rangs de perles.

Hauteur, 0^m,70. — Largeur, 0^m,47.

336. — Quatre bras d'applique à cinq lumières, de l'époque de Louis XVI, en bronze ciselé et doré; attache à rubans et à nœud; tige à vase allongé surmonté d'un bouquet de fleurs et de fruits, orné de trois têtes de femme, de guirlandes et de feuilles, terminé par un culot d'où sortent des chutes de feuilles de chêne et un double gland; branches à rinceaux avec feuilles, épis, cannelures; bobèches à rangs de perles.

Hauteur, 1^m,08. — Largeur, 0^m,61.

337. — Quatre bras d'applique à trois lumière, de l'époque de Louis XVI, en bronze ciselé et doré; tige à gaine striée et à console, terminée par un bouton à gland et surmontée d'une pomme de pin; branches cannelées à rinceaux; bobèches et binets à rangs de perles.

Hauteur, 0^m,62. — Largeur, 0^m,42.

338. — Quatre bras d'applique à trois lumières, de l'époque de Louis XVI, en bronze ciselé et doré; attache à rubans et à nœud; tige à caducée adossé à une chute de couronnes de lauriers et terminée par un double gland; branches cannelées à rangs de perles; bobèches à bouquets de fleurs et de fruits.

Hauteur, 0^m,56. — Largeur, 0^m,27.

339. — Quatre bras d'applique à trois lumières, de l'époque de Louis XVI, en bronze ciselé et doré; tige à carquois cannelé surmontée d'un couple de tourterelles sur un nuage et terminée par un culot de feuilles d'ornement et de pampres; branches à rinceaux avec feuilles, fleurons, colliers de perles et glands, reliées à la tige par des rubans et par une couronne de myrte; la branche centrale représente un Cupidon tenant un cœur; bobèches à feuilles et grains de raisins; binets découpés à rang de perles.

Hauteur, 0m,72. — Largeur, 0m,40.

340. — Lustre de l'époque de Louis XVI, en bronze ciselé et doré, à quarante lumières; dix rinceaux principaux reliés au cercle supérieur par des chaînettes; enfilage, boule, plaquettes et amandes en cristal taillé formant guirlandes et festons.

Hauteur, 2m,55. — Diamètre, 1m,76.

341. — Lanterne de forme ronde, style Louis XVI, en bronze ciselé et verni; quatre pans vitrés ornés de colliers de perles et d'un nœud de rubans; encadrements de rangs de perles; le cercle inférieur à lambrequins et à petits balustres; celui du haut à entablement d'oves; les montants surmontés de panaches; le pavillon à quatre branches à corde à puits et à rinceaux.

Hauteur, 1m,50. — Diamètre, 0m,77.

342. — Feu à deux branches de l'époque de Louis XVI, en bronze ciselé et doré; socle supporté par six pieds à toupie, et surmonté de deux chimères adossées entre lesquelles s'élève un

brûle-parfums sur trépied renfermant un serpent enroulé.

Hauteur, 0m,46. — Largeur, 0m,40.

343. — Feu à deux branches, de l'époque de Louis XVI, en bronze ciselé et doré; socle rectangulaire à arabesques, surmonté d'un chameau couché.

Hauteur, 0m,34. — Largeur, 0m,25.

344. — Feu à deux branches de l'époque de Louis XVI, en bronze ciselé et doré; galerie à draperie et à lion ailé supportant une sphère enguirlandée de laurier; piédestal de forme carrée, surmonté d'un vase à couvercle, à guirlandes et à cornets d'abondance.

Hauteur, 0m,64. — Largeur, 0m,56.

345. — Feu à deux branches de l'époque de Louis XVI, en bronze ciselé et doré; socle rond cannelé à arabesques et surmonté d'un vase, forme basse, à couvercle, à anses et à guirlandes; ceinture à arabesques et pomme feuillue à graines.

Hauteur, 0m,39. — Largeur, 0m,46.

346. — Feu à deux branches de l'époque de Louis XVI, en bronze ciselé et doré; pieds à glands; ceinture à thyrses et instruments de musique; socles surmontés d'une buire à chèvre et d'une coupe à grappes de raisin.

Hauteur, 0m,44. — Largeur, 0m,49.

347. — Feu à deux branches de l'époque de Louis XVI, en bronze ciselé et doré; socle central **rond cannelé**, surmonté d'une cassolette-trépied à

tête de bélier, avec chutes de guirlandes; ceinture à arabesques, terminée par une pomme de pin à chaque extrémité.

Hauteur, 0m,51. — Largeur, 0m,51.

348. — Feu à deux branches de l'époque de Louis XVI, en bronze ciselé et doré; socles surmontés de lyres et de vases à flammes; galerie chantournée à foudres et arabesques.

Hauteur, 0m,46. — Largeur, 0m,44.

349. — Feu à deux branches, de l'époque de Louis XVI, en bronze ciselé et doré, fond bleu; socles ronds à guirlandes de chêne surmontés d'une cassolette-trépied et d'une pomme de pin; ceinture à arabesques.

Hauteur, 0m,46. — Largeur, 0m,42.

350. — Deux vases en ancienne porcelaine de la Chine bleu turquoise, forme hexagone; monture en bronze ciselé et doré de l'époque de Louis XVI; pieds à toupie; socle à feuilles et à rang de perles; anses reliées par des chaînettes.

Hauteur, 0m,29. — Largeur, 0m,17.

351. — Deux vases de l'époque de Louis XVI, forme d'urne antique, en porphyre rouge, avec couvercle à bouton; socle carré; embase à feuilles de laurier en bronze ciselé et doré.

Hauteur, 0m,36. — Diamètre, 0m,12.

352. — Cassolette ronde de l'époque de Louis XVI, en porphyre rouge, montée en bronze ciselé et doré; trois pieds élevés surmontés de bustes d'en-

fants et terminés en pieds de biche. (Le couvercle manque.)

Hauteur, 0ᵐ,43.

353. — Deux vases ovoïdes de l'époque de Louis XVI, en marbre serpentin, monture en bronze ciselé et doré; pied rond à rang de perles; le corps à rinceaux, feuilles d'ornement et guirlandes de fleurs; anses à serpents enroulés.

Hauteur, 0ᵐ,60. — Largeur, 0ᵐ,37.

354. — Quatre tablettes en bois pétrifié.

Longueur, 0ᵐ,70. — Largeur, 0ᵐ,42.
Proviennent de blocs donnés à la reine Marie-Antoinette par l'empereur d'Autriche Joseph II.

355. — Bureau formant avant-corps, de l'époque de Louis XVI, en ébène, orné de bronzes ciselés et dorés; pieds à toupie; montants à colonnes cannelées détachées; côtés concaves; panneaux encadrés de filets d'étain et de moulures; ceinture à guirlandes de fleurs et de fruits; écoinçons à têtes de femme; la partie inférieure à un tiroir et à deux vantaux s'ouvrant sur un bas d'armoire en bois de rose et d'amarante, qui renferme un coffre-fort, deux tiroirs et une case; le casier du haut à trois tiroirs et à galerie découpée; les tablettes en marbre blanc; estampille de *M. Carlin.*

Hauteur, 0ᵐ,95. — Longueur, 1ᵐ,25 et 1ᵐ,05. — Profondeur, 0ᵐ,55.

381. — Commode de la fin de l'époque de Louis XVI, en marqueterie d'acajou et d'ébène, ornée de bronzes ciselés et dorés; pieds à toupie; montants cannelés à plaques striées; trois tiroirs; tablette en

marbre bleu turquin à moulures et à ressauts ; estampille de *J. Pafrat.*

Hauteur, 0ᵐ,88.— Longueur, 1ᵐ,29.— Profondeur, 0ᵐ,64.

381 *bis*. — Secrétaire à abattant assorti à la commode qui précède ; un tiroir dans la ceinture ; deux vantaux à la partie inférieure ; estampille de *J. Pafrat.*

Hauteur, 1ᵐ,45.— Longueur, 0ᵐ,98.— Profondeur, 0ᵐ,45.

382. — Deux commodes de la fin de l'époque de Louis XVI, en acajou moiré, ornées de bronzes ciselés et dorés : pieds à toupie ; soubassement à draperies ; montants ronds cannelés ; embases et chapiteaux à oves ; ceinture à arabesques ; devanture à arcade et à médaillon de biscuit de Sèvres fond bleu ; les côtés à médaillon de porcelaine de Sèvres, pâte tendre, à bouquet de fleurs sur fond blanc ; deux tiroirs dans la ceinture ; deux vantaux sur la façade ; à l'intérieur six tiroirs avec anneaux ; tablette en marbre blanc à ressauts et à moulures ; estampille de *G. Beneman.*

Hauteur, 0ᵐ,96.— Longueur, 1ᵐ,82.— Profondeur, 0ᵐ,75.

383. — Console d'applique en acajou de la fin de l'époque de Louis XVI, forme arrondie ; quatre pieds tournés et cannelés ; tablette pleine entre-jambes ; ceinture avec un tiroir et deux petits vantaux latéraux ; tablette en marbre blanc ; sabots, chapiteaux, encadrements, anneaux, entrées de serrures et galeries en bronze ciselé et verni ; estampille de *J. Caumont.*

Hauteur, 0ᵐ,87.—Longueur, 0ᵐ,90.— Profondeur, 0ᵐ,40.

384. — Secrétaire à chiffonnier de la fin de l'épo-

que de Louis XVI, en marqueterie de citronnier et d'amarante, orné de bronzes ciselés et dorés; pieds à toupie; montants tournés à plaques striées; un tiroir dans la ceinture; un abattant et deux vantaux; tous les panneaux encadrés d'un rang de perles; l'intérieur en érable, à cinq tiroirs et à trois cases; tablette en marbre bleu turquin à ressauts et à moulures; estampille de *E. Levasseur*.

Hauteur, 1ᵐ,15. — Longueur, 0ᵐ,79. — Profondeur, 0ᵐ,34.

384 *bis*. — Encoignure faisant suite au chiffonnier qui précède; un vantail; estampille de *E. Levasseur*.

Hauteur, 0ᵐ,89. — Longueur, 0ᵐ,54. — Profondeur, 0ᵐ,39.

385. — Encoignure de la fin de l'époque de Louis XVI, en acajou moiré; ornée de bronzes ciselés et dorés, pieds à toupie; montants cannelés; encadrements de moulures unies et de raies de cœurs; un vantail; tablette en marbre blanc à ressauts et à moulures; estampille D. E.

Hauteur, 0ᵐ,87. — Longueur, 0ᵐ,72. — Profondeur, 0ᵐ,40.

386. — Piédestal formant boîte à musique, de la fin de l'époque de Louis XVI, en bronze ciselé et doré; huit pieds ronds à godrons; huit montants à cariatides de femmes; embase, entablement et frise à arabesques, rangs de perles, rinceaux et fleurons; les panneaux à appliques d'arabesques et de griffons; les côtés à appliques représentant le soleil.

Hauteur, 0ᵐ,45. — Longueur, 0ᵐ,67. — Profondeur, 0ᵐ,24.

387. — Pendule forme pyramide, de la fin de l'époque de Louis XVI, en marbre bleu turquin, ornée

de bronzes ciselés et dorés; socle rectangulaire sur quatre pieds; aux angles des bornes reliées par des chaînes; la pyramide encadrée de rangs de perles, ornée d'appliques à draperies, lions, nymphes et trophées, et surmontée du système solaire; cadran en émail blanc portant le nom de *Thiery*, *à Paris*.

Hauteur, 0^m,72. — Longueur, 0^m,33. — Profondeur, 0^m,24.

388. — Pendule de la fin de l'époque de Louis XVI, en marbre blanc, ornée de bronzes ciselés et dorés; socle forme ovale, supporté par six pieds à toupie, et orné de draperies, de têtes, et d'un bas-relief d'enfants musiciens; sujet d'enfants sur des chiens supportant un palanquin à draperie et à têtes d'aigles renfermant le mouvement, que surmonte une figurine de la paix assise, tenant une couronne et une palme et appuyée sur une corne d'abondance; cadran en émail blanc portant le nom de Cachard, successeur de Ch. Le Roi, à Paris.

Hauteur, 0^m,55. — Longueur, 0^m,49. — Profondeur, 0^m,14.

389. — Pendule de la fin de l'époque de Louis XVI; socle ovale en marbre griotte rouge, orné de six pieds à toupie, de plaques striées, de têtes et d'appliques d'arabesques et de chimères en bronze ciselé et doré; la cage du mouvement accostée et surmontée de trois enfants satyres en bronze vert jouant de divers instruments de musique; bas-relief central représentant l'Hymen.

Hauteur, 0^m,53. — Longueur, 0^m,68. — Profondeur, 0^m,17.

390. — Pendule de la fin de l'époque de Louis XVI; embase en marbre griotte rouge, ornée de bronzes

ciselés et dorés; socle en bronze doré uni, garni de personnages et de guirlandes en bronze ciselé et doré; figurine en bronze vert, représentant Diane drapée assise tenant sur ses genoux une sphère céleste à cadran tournant en émail blanc.

Hauteur, 0m,48.— Largeur, 0m,17.— Profondeur, 0m,25.

391. — Candélabre de la fin de l'époque de Louis XVI, en bronze ciselé et doré sur fond d'émail bleu; soubassement triangulaire en marbre vert antique; socle circulaire à trois pans de biscuit de Sèvres fond bleu; supporté par trois léopards enchaînés et surmontés de trois coqs; tige à carquois accostée de trois sirènes supportant des proues de navires; bouquet de sept lumières à rinceaux et guirlandes; binets à coquillages; *Thomire*.

Hauteur, 0,72.— Diamètre, 0m,30.

392. — Deux candélabres d'applique de la fin de l'époque de Louis XVI; socle carré en porphyre rouge antique, à rang de perles et à tore de chêne en bronze ciselé et doré; pied rond à feuilles et à culots; statuette de femme drapée debout, en marbre blanc, de *J. F. Lorta*, soutenant une corne d'abondance d'où s'échappent des guirlandes de fleurs et de fruits et un bouquet à trois lumières, dont les rinceaux sont reliés par des guirlandes; au centre, sur des chimères, s'élève un trépied à serpent, guirlandes de pampres, têtes de béliers et vases à flammes; le tout en bronze ciselé et doré.

Hauteur, 1m,40. — Largeur, 0m,46.

393. — **Deux candélabres de la fin de l'époque de**

Louis XVI, en bronze ciselé et doré sur fond bleui ; socle rond à draperies et à trois pans, surmonté de trois autruches adossées soutenant un bouquet à sept lumières ; tige à carquois ; branches à rinceaux ; pendeloques et amandes en cristal de Bohême.

Hauteur, 0m,78. — Diamètre, 0m,45.

394. — Deux candélabres d'applique de la fin de l'époque de Louis XVI ; socle rond en bronze ciselé et doré à palmettes ; fût de colonne tronquée en marbre vert antique avec moulures unies en cuivre doré ; statuettes de faune et de bacchante en bronze vert, d'après *Clodion,* supportant chacune une corne d'abondance d'où s'échappe un bouquet à huit lumières avec rinceaux à feuilles, cordes à puits et têtes d'aigle ; le tout en bronze ciselé et doré.

Hauteur, 1m,35. — Largeur, 0m,50.

395. — Deux candélabres en tout semblables aux précédents.

Hauteur, 1m,35. — Largeur, 0m,50.

396. — Deux candélabres de la fin de l'époque de Louis XVI ; embase en marbre griotte rouge, de forme carrée, et en bronze doré ; socle rond cannelé en marbre blanc ; enfant en bronze vert supportant un vase d'où s'échappe un bouquet de trois lumières, à rinceaux terminés chacun par une tête d'aigle.

Hauteur, 0m,60. — Largeur, 0m,13.

397. — Lustre en bronze ciselé et doré de la fin de l'époque de Louis XVI, à seize lumières sur une

gradation ; enfilage à vase fond bleu ; branches à rinceaux ; boules, plaquettes, étoiles, amandes et pyramides en cristal de roche.

Hauteur, 1ᵐ,85. — Diamètre, 1ᵐ,17.

398. — Lustre en bronze ciselé et doré de la fin de l'époque de Louis XVI, à seize lumières sur une gradation ; rinceaux à têtes égyptiennes, têtes d'aigles et palmettes ; le cercle inférieur à têtes de satyres ; enfilage, boule, plaquettes, étoiles, amandes et pyramides en cristal de roche.

Hauteur, 1ᵐ,80. — Diamètre, 1ᵐ,09.

399. — Lustre en bronze ciselé et doré de la fin de l'époque de Louis XVI, à douze lumières sur une gradation ; rinceaux à palmettes ; le cercle inférieur à têtes égyptiennes ; enfilage, boule, plaquettes, étoiles, amandes et pyramides en cristal de roche ; chaînettes en cuivre.

Hauteur, 1ᵐ,86. — Diamètre, 1ᵐ,06.

400. — Feu à deux branches de la fin de l'époque de Louis XVI, en bronze ciselé et doré ; socles reliés par des balustres ; recouvrement à grenade, mortier et trophée d'armes et de drapeaux.

Hauteur, 0ᵐ,58. — Largeur, 0ᵐ,59.

401. — Deux groupes en biscuit de Sèvres, de la fin de l'époque de Louis XVI, représentant *les Adieux d'Hector et d'Andromaque* et *les Adieux de Pâris et d'Hélène ;* socles de forme ovale en cuivre doré à moulures et à cannelures.

Hauteur, 0ᵐ,54 et 0ᵐ,49. — Largeur, 0ᵐ,32.

402. — Deux vases de forme antique de la fin de

l'époque de Louis XVI, en pavé de Vienne, avec anses à volutes; socle carré strié en bronze ciselé et doré.

Hauteur, 0m,35. — Largeur, 0m,21. — Profondeur, 0m,16.

405. — Deux vases de forme ovoïde de la fin de l'époque de Louis XVI, en porphyre rouge antique; embase à feuilles; socle carré strié et corde à puits en bronze ciselé et doré.

Hauteur, 0m,35. — Largeur, 0m,10.

406. — Quatre vases de la fin de l'époque de Louis XVI, forme d'urne, en marbre translucide, montés en bronze ciselé et doré; pied carré; socle rond à feuilles d'ornement; ceinture représentant le triomphe de Bacchus et un sacrifice au dieu Pan; anse double à enroulement; frise à rang de perles avec camées en pierres dures.

Hauteur, 0m,38. — Largeur, 0m25.

407. — Deux vases de la fin de l'époque de Louis XVI, forme d'urne, en marbre translucide, montés en bronze ciselé et doré; pied carré; socle rond à feuilles d'ornement; quatre têtes de bélier supportant des chutes de feuilles de vigne et de grappes de raisin; frise découpée à jour.

Hauteur, 0m,35. — Largeur, 0,20.

Ces vases, ainsi que les précédents, faisaient partie d'un surtout de table offert à l'empereur Napoléon Ier par le roi d'Espagne Charles IV, et dont l'ensemble est exposé au palais de Trianon.

408. — Cage de l'époque de Louis XVI, en bronze ciselé et doré; armature à moulures; pieds en

forme de toupie, à feuilles et à cannelures torses; ceinture à postes et à culots sur fond verdi; les pans et le plafond vitrés.

Hauteur, 0^m,55. — Longueur, 0^m,34.

409. — Piédestal de l'époque de Louis XVI, forme carrée, avec ornements en or; socle évidé à rinceaux et surmonté de quatre griffons; pans à appliques de naïades drapées debout; frise à tête de dauphins et à guirlandes de myrte; couronnement en jaspe à guirlandes de fleurs; signature: *Ouizille et Drais, B^t D. Roi;* contre-socle en marbre veiné.

Largeur sans le socle, 0^m,17.
Hauteur sans le socle, 0^m,23.

DIVERS

451. — Commode à casier de l'époque du Directoire, en acajou moiré encadré d'ébène, ornée de bronzes ciselés et dorés et de plaques en biscuit de Wedgwood; pieds à toupie; montants à colonnes cannelées détachées; chapiteaux à feuilles et à volutes; quatre tiroirs à poignées et à entrées de serrures; quart de rond à fleurons et à étoiles enchâssant une tablette de marbre blanc à ressauts; la partie supérieure à trois cases et à sept tiroirs ouvrant à secret, colonnes, griffons et tablette en marbre blanc.

Hauteur, 1^m,15.— Longueur, 1^m,43.— Profondeur, 0^m,61.

452. — Statuette équestre en bronze, représentant

Henri IV revêtu de son armure et couronné de lauriers, sur un socle rectangulaire qui porte les inscriptions suivantes : *Drunot sculp.* — *ciselé par L. Jeannest en* 1817.

Hauteur, 0m,45. — Largeur, 0m,36.

453. — **Un groupe en bronze représentant un des chevaux de Marly.**

Hauteur, 0m,61. — Longueur, 0m,53.

Extrait du Catalogue de J. BAUDRY, Éditeur à Paris

LES
MEUBLES D'ART
DU
MOBILIER NATIONAL

CHOIX DES PLUS BELLES PIÈCES
CONSERVÉES AU GARDE-MEUBLE ET DANS LES PALAIS NATIONAUX
DE L'ÉLYSÉE, DU LOUVRE, DE VERSAILLES,
DE TRIANON, DE FONTAINEBLEAU, DE COMPIÈGNE ET DE PAU
Reproduites par les procédés perfectionnés de l'héliogravure en taille-douce

PUBLIÉES AVEC TEXTE
PAR
E. WILLIAMSON
ADMINISTRATEUR DU MOBILIER NATIONAL

DEUX BEAUX VOLUMES IN-FOLIO
CONTENANT
Cent planches in-folio, reproduisant environ **160** des objets
les plus remarquables de cette riche collection,
Accompagnées chacune d'une Notice explicative,
Précédées d'une Introduction et suivies d'une Table méthodique.

Cet ouvrage sera publié en 10 livraisons de 10 planches chacune
LES QUATRE PREMIÈRES LIVRAISONS ONT PARU
L'ouvrage sera entièrement terminé en 1883

PRIX DE L'OUVRAGE COMPLET : **200** FRANCS
Payables au fur et à mesure de la publication des livraisons.

NOTA. — On y trouvera reproduits et décrits un grand nombre des objets de l'Exposition permanente du Garde-Meuble cités au Catalogue qui précède notamment ceux qui y sont cités sous les numéros 55, 64, 66, 68 à 70, 131, 132, 136 à 140, 160 à 163, 170, 174 à 180, 202, 204, 206, 221 à 225, 288, 313 à 317, 320, 321, 331 à 339, 342 à 349, 355, 382, 391 à 394, etc.

Il nous a semblé utile d'aider aux recherches passionnées des artistes, des industriels et des amateurs éclairés, en formant un recueil qui groupe sous

Extrait du Catalogue de J. BAUDRY, Éditeur à Paris

leurs yeux, par une sélection raisonnée et selon la progression chronologique, les types les plus remarquables du Mobilier National. On sait que cette collection sans rivale, et d'une authenticité indiscutable, est disséminée actuellement dans le Musée du Louvre, au Garde-Meuble et dans les Palais de l'Élysée, de Versailles, de Trianon, de Fontainebleau, de Compiègne et de Pau ; cet éparpillement en rend l'étude comparative singulièrement difficile.

Le cadre que nous nous sommes tracé embrasse les tissus, l'ébénisterie, les bronzes, les vases montés, les mosaïques.

Chaque planche est accompagnée d'une notice qui comprend la désignation détaillée et les dimensions exactes des objets, une appréciation de leur construction et des qualités qui les distinguent, des renseignements concernant leur provenance et leur histoire, l'indication du palais ou de l'établissement auquel ils sont affectés de nos jours.

Une INTRODUCTION étendue, à placer en tête de l'ouvrage, coïncidera avec la publication des dernières livraisons. Elle comprendra l'historique, fait à grands traits, des meubles d'art de l'ancienne Dotation de la Couronne, généralisera le caractère de chaque style, pour en faire comprendre les transitions, montrera le rapport entre ces évolutions et celles qu'ont subies les coutumes, les faits et les idées, et condensera dans un précis que nous espérons rendre instructif les éléments d'information et de critique disséminés dans les cent soixante monographies qui accompagneront les cent planches de **notre recueil.**

Extrait du Catalogue de J. BAUDRY, Éditeur, à Paris

LES
TAPISSERIES DÉCORATIVES
DU
GARDE-MEUBLE
CHOIX DES PLUS BEAUX MOTIFS
Par ED. GUICHARD
ARCHITECTE DÉCORATEUR

Texte par ALFRED DARCEL
ADMINISTRATEUR
DE LA MANUFACTURE NATIONALE DES GOBELINS

DEUX BEAUX VOLUMES IN-FOLIO
CONTENANT
Cent Planches accompagnées chacune d'une notice explicative
précédées d'une Introduction
et suivies d'une Table méthodique.

OUVRAGE ENTIÈREMENT TERMINÉ
PRIX : **200** FRANCS

Nota. — On y trouvera reproduites et décrites les Tapisseries de l'Exposition permanente du Garde-Meuble, citées au catalogue qui précède sous les numéros 57, 58, 59, 150, 151, 152.

Les tapisseries, très recherchées aujourd'hui pour l'ornement de nos maisons, plus justement appréciées dans leur rôle et dans leur caractère, sont devenues un objet d'étude, et, à ce titre, leur histoire et leur reproduction offrent un puissant intérêt. Mais, en outre, un grand nombre d'entre elles sont des chefs-d'œuvre de goût et d'arrangement, pleins d'enseignements pour nos architectes et nos artistes en tous genres. Leurs riches bordures renfer-

Extrait du Catalogue de J. BAUDRY, Éditeur, à Paris

ment, en effet, mille motifs de décorations pour le sculpteur, le bronzier et l'orfèvre, pour le peintre décorateur ainsi que pour nos dessinateurs d'étoffes, d'ameublement et de papiers peints.

Nous nous sommes efforcés de faire un choix judicieux, parmi les plus beaux modèles que nous ont légués les XVIe, XVIIe et XVIIIe siècles, non seulement dans la précieuse collection du Garde-Meuble, qui a été libéralement mise à notre disposition, mais encore dans les collections de quelques amateurs qui possèdent des pièces inédites.

On trouvera dans les cent planches de notre collection, des spécimens de presque tous les genres de bordures, et un grand nombre de compositions où l'ornement prédomine :

Les *Arabesques*;
Les *Fructus Belli*, de Jules Romain;
Les *Chasses de Maximilien*, ou les *Belles Chasses de Guise*, de Van Orley;
Les *Portières*;
Les tentures de l'*Histoire du Roy*, exécutées sous la direction de Charles Le Brun;
Les *Saisons*, de J.-B. Monnier et de Blin de Fontenay;
Les *Maisons royales*, de Charles Le Brun, de Van der Meulen, d'Ivart et de Guillaume Anguer;
Les *Tentures des Indes*, de François Desportes;
Les *Enfants jardiniers*;
Les tapisseries de la *Galerie de Saint-Cloud*, d'après P. Mignard;
Les tentures des *Dessins de Raphaël* et des *Dessins de Jules Romain*, composées par Lemoine Lorain;
Les compositions de Noël Coypel;
Les tentures des *Dieux*, de Claude Audran;
L'*Histoire de Don Quichotte*, de Charles Coypel; les *Amours des Dieux*, de François Boucher.
Les *Chasses de Louis XV*, d'après J.-B. Oudry; les *Jeux russiens*, de J.-B. Le Prince.

Le texte qui accompagne chaque planche donne l'histoire de la tapisserie à laquelle il se réfère avec les particularités de sa fabrication et l'indication de ses colorations qui jouent un si grand rôle dans la décoration.

Extrait du Catalogue de J. BAUDRY, Éditeur à Paris

LA RENAISSANCE
DE FRANÇOIS Ier A LOUIS XIII

DÉCORATIONS INTÉRIEURES

LAMBRIS, PANNEAUX

PORTES, CHEMINÉES, PLAFONDS, MEUBLES

Relevés, mesurés et dessinés, avec profils et détails d'exécution

PAR

EUGÈNE ROUYER

ARCHITECTE

Auteur de l'*Art architectural en France*
et des *Appartements privés des Tuileries*, etc.
Deuxième grand prix au Concours pour la reconstruction
de l'Hôtel-de-Ville de Paris, etc.

UN BEAU VOLUME IN-FOLIO

contenant CENT planches, par Livraisons de 10 planches

PRIX DE L'OUVRAGE COMPLET : **125** FRANCS

Payable au fur et à mesure de la publication des livraisons

Ce prix sera augmenté lorsque l'ouvrage sera terminé

LES QUATRE PREMIÈRES LIVRAISONS ONT PARU

L'architecture de la Renaissance en France a produit des merveilles d'élégance et de goût pendant une période de cent cinquante années, de 1500 à 1650.

Nos architectes, inspirés dans l'origine par l'architecture de la Renaissance en Italie, ont bientôt donné à leurs édifices un caractère particulier qui

Extrait du Catalogue de J. BAUDRY, Éditeur à Paris

leur est propre et qui est plus en harmonie avec nos mœurs comme avec notre climat. C'est cette architecture qui est recherchée aujourd'hui pour la décoration de nos habitations.

Les premières publications faites sur l'architecture de la Renaissance, de 1850 à 1870, en ont donné quelques exemples; mais il reste encore bien des monuments ignorés, et ce ne sont pas les moins remarquables.

Sans rien répéter de ce qui a été publié, nous donnerons les merveilles que nous avons rencontrées. Nous commencerons par les beaux travaux de menuiserie de cette époque et nous publierons, dans nos cent premières planches, des Lambris et Panneaux décoratifs, des Portes, des Plafonds, des Cheminées, des Meubles : Stalles, Armoires, Crédences, Tables, etc.; nous donnerons des Salons entiers, des Salles à manger, des Cabinets de travail, des Chambres à coucher, des Bibliothèques.

Tous nos motifs ont été relevés, mesurés et dessinés sur les monuments dont le bel effet nous aura séduit; nous les publierons avec cotes, profils et détails d'exécution.

Nos cent premières planches seront publiées en dix livraisons de dix planches chacune, et si nous sommes encouragés par l'accueil qui sera fait à cette première partie, nous avons l'intention d'en publier une seconde pour la Serrurerie et les Bronzes.

Extrait du Catalogue de J. BAUDRY, Éditeur à Paris

L'ART ARCHITECTURAL
EN FRANCE
Depuis François Ier jusqu'à Louis XVI

MOTIFS DE DÉCORATION INTÉRIEURE ET EXTÉRIEURE

DESSINÉS D'APRÈS DES MONUMENTS

DES PRINCIPALES ÉPOQUES DE LA RENAISSANCE

Salons, Chambres à coucher
Vestibules, Cabinets de travail, Bibliothèques, Lambris, Plafonds
Voûtes, Cheminées
Portes, Fenêtres, Fontaines, Grilles, Stalles
Chaires à prêcher, Tombeaux, Vases, Glaces, etc.

PAR

EUGÈNE ROUYER

Architecte, ancien Inspecteur aux travaux du Louvre

TEXTE
PAR
ALFRED DARCEL
Membre du Comité des Monuments historiques

DEUX VOLUMES GRAND IN-4°

CONTENANT

200 Planches, accompagnées d'un texte descriptif et archéologique

PRIX DE L'OUVRAGE COMPLET : **200** FRANCS

Cette remarquable collection, qui jouit d'une réputation méritée, sera toujours consultée avec fruit par les Architectes, les Sculpteurs, les Peintres. Elle facilitera leurs études chaque fois qu'ils seront appelés à édifier ou à restaurer un monument, un château, une maison. Ils y trouveront les plus beaux modèles des époques de Louis XII, François Ier, Henri II, Henri III, Henri IV, Louis XIII, Louis XIV, Louis XV, Louis XVI.

Tous les dessins sont profilés avec la plus grande exactitude et toutes les parties en sont cotées.

Extrait du Catalogue de J. BAUDRY, Éditeur à Paris

LES
APPARTEMENTS PRIVÉS

DU

PALAIS DES TUILERIES

DÉCORÉS PAR M. LEFUEL
Architecte de l'Empereur

RELEVÉS, DESSINÉS ET PUBLIÉS AVEC TEXTE, EN 1868

PAR

EUGÈNE ROUYER
ARCHITECTE

UN BEAU VOLUME IN-FOLIO

Comprenant 20 planches dessinées et gravées avec le plus grand soin sous l'habile direction de M. Eugène Rouyer

PRIX : **50** FRANCS

Ces appartements, créés en 1858 pour S. M. l'Impératrice, par M. LEFUEL, membre de l'Institut, réalisaient tout ce que le goût le plus exquis peut rêver de plus pur et de plus délicat dans le style Louis XVI.

M. LEFUEL avait fait appel aux artistes les plus habiles pour l'exécution des différentes parties de la décoration.

Les portraits des dames d'honneur, placés au-dessus des portes du salon bleu, avaient été confiés à M. Édouard Dubufe; — le plafond et les dessus de porte du salon rose, à M. Chaplin; — tous les petits sujets en camaïeu qui ornaient les portes et les panneaux des trois salons, à M. Biennoury; — les chutes de fleurs et les bouquets des trois salons, à M. de Ghequier; — les arabesques, à M. Burette; — les sculptures d'ornement, à M. Leprêtre, et celle des bronzes d'ornement, à M. Doussamy.

Les artistes ne peuvent donc manquer de trouver mille sujets d'études dans cette publication et nous devons ajouter qu'aucun ouvrage d'architecture, publié de nos jours, n'a été dessiné avec **plus de soin**, ni gravé avec plus de **talent**.

Paris. — Typographie G. Chamerot, 19, rue des Saints-Pères. — 14248.

Les Salles d'Exposition permanente du Garde-Meuble sont ouvertes gratuitement au public les jeudi, dimanche et jours fériés, de 10 heures à 4 heures.

Le prix de ce Catalogue est de UN franc.

Paris. — Typ. G. Chamerot, 19, rue des Saints-Pères. — 14248.